くじけないで

柴田トヨ

この本は、著者が詩を書き始めた平成15年から平成22年2月までの作品を集めた処女詩集です。

産経新聞「朝の詩《うた》」に掲載された35点と下野新聞に掲載された3作品や未発表4作品の計42作品を収録しました。

今の私（柴田トヨ　98歳）

トヨさんのように生きて行こう

　この詩集は、もうすぐ百歳になろうとしている栃木県在住の柴田トヨさんの処女作品集です。

　トヨさんの詩を待ちかねているのは、産経新聞「朝の詩」の読者の皆さんばかりでなく、じつは、真っ先に選者であるわたくしなのです。たくさんの応募ハガキの中から、トヨさんの詩がひょっこり顔を出すと、いい風に吹かれたみたいに、さわやかな気分になるのです。

　ああ、わたくしも、「トヨさんのように生きて行こう」と、誰に会うわけでもないのに、毎朝鏡に向

かって、うすく口紅をさします。そう、トヨさんを真似て生きて行くわたくしに、会うために、です。

今もなお、みずみずしい感性をお持ちでいらっしゃるとは、なんと素晴らしいことでしょう。専門の詩人の世界においても、それはきわめて稀なことです。

こうしてまとめられたトヨさんの詩集を、いつも座右に置いて、一日一日の心の糧《かて》をいただくことにいたします。

ありがとうございます。わたくしたち女性のすてきな先輩、男性たちのたのもしいお母様、柴田トヨさん。

詩人・「朝の詩」選者　新川和江

目次

「母　I」「風呂場にて」「風と陽射しと私」は下野新聞に掲載。
「扇風機」「電話」「朝はくる」「得した気分」は未発表作品です。

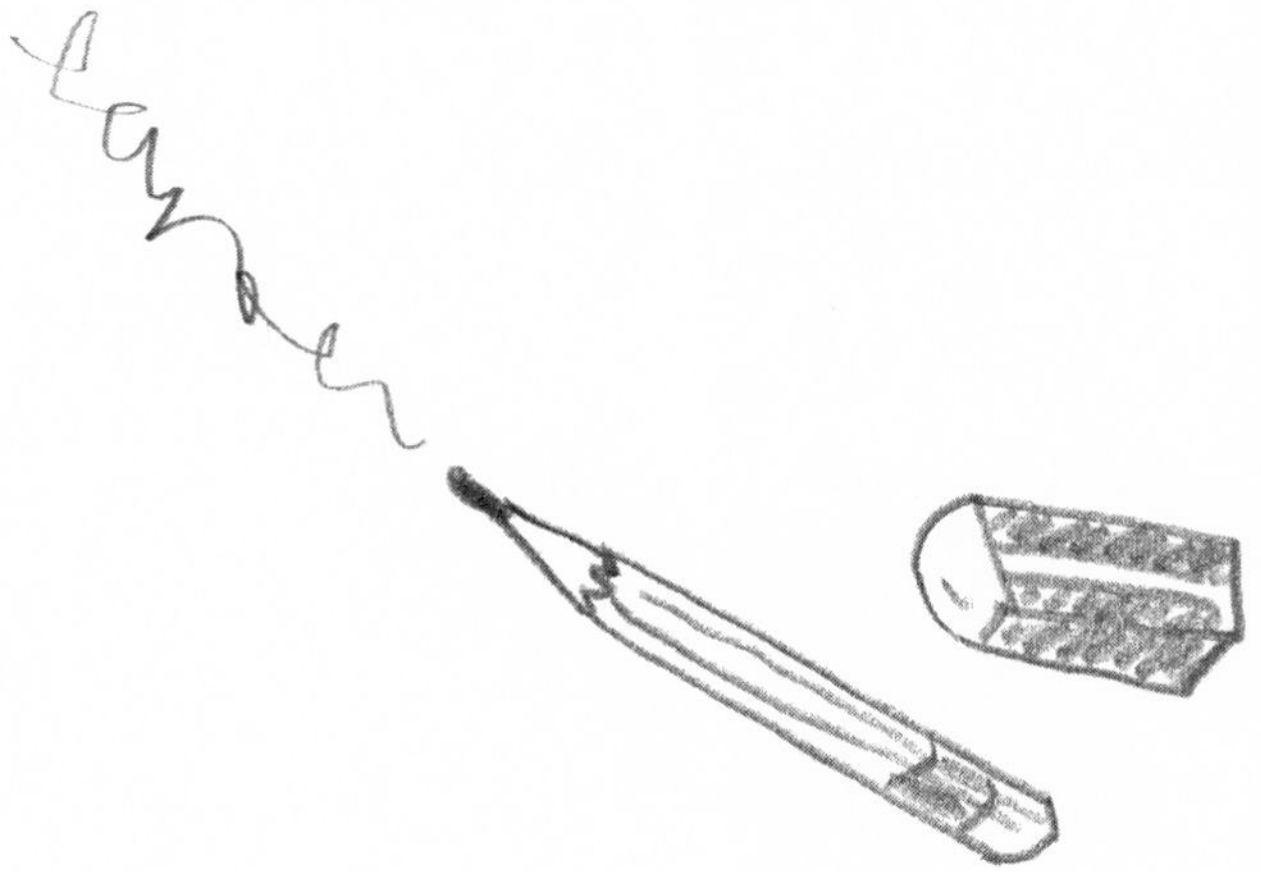

母　I

亡くなった母とおなじ
九十二歳をむかえた今
母のことを思う

老人ホームに
母を訪ねるたび
その帰りは辛かった

私をいつまでも見送る
母
どんよりとした空
風にゆれるコスモス
今もはっきりと覚えて
いる

目を閉じて

目を閉じると
お下げ髪の私が
元気に
かけまわっている

私を呼ぶ　母の声

空を流れる　白い雲
何処までも広い
菜の花畑

九十二歳の今
目を閉じて見る
ひとときの世界が
とても　楽しい

生きる力

九十を越えた今
一日一日が
とてもいとおしい

頬をなでる風

友からの電話
訪れてくれる人たち
それぞれが
私に
生きる力を
与えてくれる

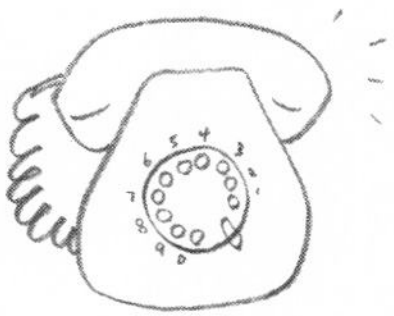

倅《せがれ》に　Ⅰ

何か
つれえことがあったら
母ちゃんを　思い出せ

誰かに
あたっちゃあ　だめだ
あとで　自分が
嫌になる

ほら　見てみなせ
窓辺に
陽がさしてきたよ
鳥が　啼《な》いてるよ

元気だせ　元気だせ
鳥が　啼いてるよ
聞こえるか　健一

風や陽射しが

縁側に
腰をかけて
目を閉じていると
風や　陽射しが
体はどうだい？
少しは庭でも
歩いたら？

郵 便 は が き

50円切手を
お貼り
ください

101-0051

東京都千代田区神田神保町3の10
神田第3アメレックスビル2F

(株)飛鳥新社　第三編集部

「くじけないで」読者カード係 行

フリガナ ご氏名	性別　男・女 年齢　　歳
フリガナ	
ご住所 〒 TEL　(　　　)	
ご職業 1. 会社員　2. 公務員　3. 学生　4. 自営業　5. 教員　6. 自由業 7. 主婦　8. その他（　　　）	
お買い上げのショップ名　所在地	
電子メール等で飛鳥新社の新刊情報等を　1. 希望する　2. 希望しない e-mail アドレス	

★ご記入いただいた個人情報は、弊社出版物の資料目的以外で使用することはありません。

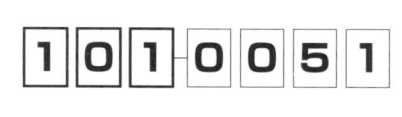

飛鳥新社の本をご購入いただきありがとうございます。今後の出版物の参考にさせていただきますので、以下の質問にお答えください。ご協力よろしくお願いいたします。

■この本を最初に何でお知りになりましたか

1．新聞広告（　　　　　　新聞）　2．雑誌広告（誌名　　　　　　　　　　）
3．新聞・雑誌の紹介記事を読んで（紙・誌名　　　　　　　　　　）
4．TV・ラジオで　5．書店で実物を見て　6．知人にすすめられて
7．その他（　　　　　　　　　　）

■本書へのご意見・ご感想をお聞かせください

■あなたが好きな柴田トヨさんの詩をお教えください

■柴田トヨさんにメッセージがありましたらお願いします

※あなたのご意見・ご感想を新聞・雑誌広告や小社ホームページ上で
1．掲載してもよい　2．掲載しては困る　3．匿名ならよい　（広告掲載の方には粗品を進呈）

ホームページURL http://www.asukashinsha.co.jp/ くじけないで　2010.05

そっと　声をかけて
くるのです

がんばるぞ
私は　心のなかで
そう答えて
ヨイショと
立ちあがります

溶けてゆく

ポットから
注がれる
お湯は
やさしい
言葉のようだ

私の
心の角砂糖は
カップのなかで
気持よく
溶けてゆく

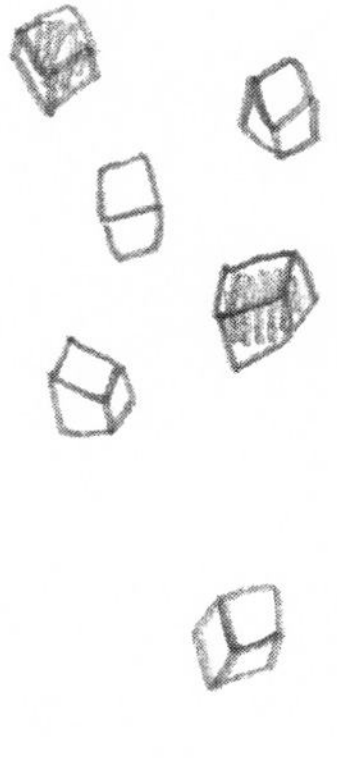

母 II

母の後を
風車を　かざしながら
追いかけて行く
風はやさしく
陽は暖かかった

振りむく母の笑顔に
安堵しながら

早く大人になって
孝行したい
そう思ったものだ

母の齢をとうに越して
今　私は
初夏の風に
吹かれている

若い母の声が聞こえる

私 Ⅰ

九十を過ぎてから
詩を書くようになって
毎日が
生きがいなんです
体は　やせ細って
いるけれど
目は　人の心を
見ぬけるし

耳は　風の囁《ささや》きが
よく聞こえる
口はね
とっても達者なの
「しっかり
　　してますね」
皆さん
ほめて下さいます
それが　うれしくて
またがんばれるの私

返事

風が　耳元で
「もうそろそろ
あの世に
行きましょう」
なんて　猫撫《ねこな》で声で
誘うのよ

だから　私

すぐに返事をしたの
「あと少し
こっちに居るわ
やり残した
事があるから」

風は
困った顔をして
すーっと帰って行った

先生に

私を
おばあちゃん　と
呼ばないで
「今日は何曜日？」
「9＋9は幾つ？」
そんな　バカな質問も
しないでほしい

「柴田さん
西条八十の詩は
好きですか？
小泉内閣を
どう思います？」
こんな質問なら
うれしいわ

自分に

ぽたぽたと
蛇口から落ちる涙は
止まらない

どんなに辛く
悲しいことがあっても
いつまで
くよくよしていては

だめ
思いきり
蛇口をひねって
一気に涙を
流してしまうの
さあ　新しいカップで
コーヒーのみましょう

思い出　I

子どもが
授かったことを
告げた時
あなたは
「ほんとうか　嬉しい
俺はこれから

真面目になって
働くからな」
そう　答えてくれた

肩を並べて
桜並木の下を
帰ったあの日
私の　一番
幸福だった日

忘れる

歳をとるたびに
いろいろなものを
忘れてゆくような
気がする

人の名前
幾つもの文字
思い出の数々

それを　寂しいと
思わなくなったのは
どうしてだろう

忘れてゆくことの幸福
忘れてゆくことへの
あきらめ

ひぐらしの声が
聞こえる

ことば

何気なく
言った　ことばが
人を　どれほど
傷つけていたか
後になって
気がつくことがある

そんな時
私はいそいで
その人の
心のなかを訪ね
ごめんなさい
と　言いながら
消しゴムと
エンピツで
ことばを修正してゆく

神様

昔
お国のために　と
死にいそいだ
若者たちがいた

今
いじめを苦にして
自殺していく

子供たちがいる

神様
生きる勇気を
どうして
与えてあげなかったの

戦争の仕掛人
いじめる人たちを
貴方の力で
跪《ひざまず》かせて

病室

九十五歳の
私をはじめに
九十四歳　八十九歳　八十六歳
女性四人の病室

それぞれの
家族が訪れる日は
年寄りでいっぱい

通路は車椅子で
交通渋滞だ

みんなの
笑いあう声を背に
私は
倅の腕にすがって
窓辺から
澄んだ空を見る

あなたに　Ⅰ

出来ないからって
いじけていてはダメ
私だって　九十六年間
出来なかった事は
山ほどある
父母への孝行
子供の教育
数々の習いごと

でも　努力はしたのよ
精いっぱい
ねえ　それが
大事じゃないかしら

さあ　立ちあがって
何かをつかむのよ
悔いを
残さないために

家族

嫁と倅の
諍《いさか》いがあった日は
空は　たちまち
くもってしまう

お母さん　心配かけて
ごめんなさい
嫁が

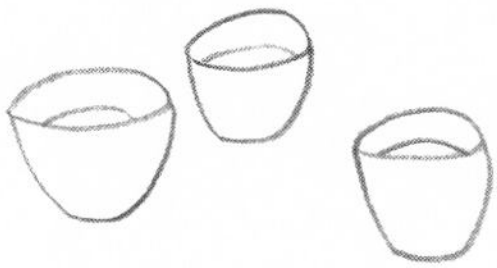

声をかけて
くれた翌日
陽射しが私を
つつんでくれる

縁があって
できた小家族
いつまでも
澄んだ空の下で
暮したい

風呂場にて

風呂場に
初日が射し込み
窓辺の水滴が
まぶしく光る朝
六十二歳の倅に
朽ち木のような体を
洗ってもらう

ヘルパーさんより
上手くはないけれど
私は　うっとり
目をつぶる

年の始めのためしとて――
背後で　口遊《くちずさ》む歌が聞こえる
それは昔　私が
お前にうたってあげた歌

さびしくなったら

さびしくなった時
戸の隙間から
入る陽射しを
手にすくって
何度も顔に
あててみるの

そのぬくもりは
母のぬくもり

おっかさん
がんばるからね
呟きながら
私は立ちあがる

風と陽射しと私

風が
硝子戸を叩くので
中に入れてあげた
そしたら
陽射しまで入って来て
三人で　おしゃべり

おばあちゃん
独りで寂しくないかい？
風と陽射しが聞くから
人間　所詮は独りよ
私は答えた

がんばらずに
気楽にいくのがいいね

みんなで笑いあった
昼下がり

くじけないで

ねえ　不幸だなんて
溜息をつかないで
陽射しやそよ風は
えこひいきしない

夢は
平等に見られるのよ
私　辛いことが
あったけれど
生きていてよかった
あなたもくじけずに

九十六歳の私

柴田さん
なにを考えているの？
ヘルパーさんに
聞かれて
困ってしまいました

今の世の中
まちがっている
正さなければ
そう思って
いたからです
でも結句《けっく》溜息をついて
笑うだけでした

倅に　Ⅱ

かあちゃんが
惚《ぼ》けることなど
心配すんな
今日は日曜日だろ？
あんたは　健一
やさしくて短気な

たった一人の倅
なんでも　まだまだ
わかっているよ
さあさあ行った行った
自分の仕事を
しておくれ

貯金

私ね　人から
やさしさを貰ったら
心に貯金をしておくの

さびしくなった時は
それを引き出して
元気になる

あなたも　今から
積んでおきなさい
年金より
いいわよ

あなたに Ⅱ

追いかけて
愛した人を
苦しめるより
忘れる勇気を
持つことが　大切よ

後になると
それがよくわかるの

あなたのこと
心配してくれている
人がいる
あなた気づかないだけ

空

さびしくなったら
私　空を見るの
家族のような雲
日本地図のような雲
追いかけっこを
している雲たちもいる
みんな　何処へ

流れていくのかしら
夕暮れには茜雲《あかねぐも》
夜には満天の星

あなたにも
空を見上げるゆとりが
必要よ

幸せ

今週は
看護師さんにお風呂に
入れてもらいました
倅の風邪がなおって
二人でカレーを
食べました

嫁が歯医者に
連れて行って
くれました
なんて幸せな
日の連続でしょう

手鏡のなかの私が
輝いています

化粧

伜が小学生の時
お前の母ちゃん
きれいだなって
友達に言われたと
うれしそうに

言ったことがあった
それから丹念に
九十七の今も
おつくりをしている

誰かに
ほめられたくて

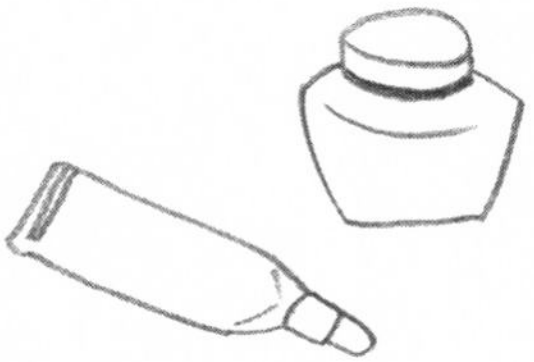

命日に

あなたの
夢を見ました
健一に話したら
俺も会いたかった
そう　言ってました
よく　親子ゲンカ

してましたね
私　おろおろ
するばかりだった
今　やさしく
してくれますよ
二人で詩を作ってるの
あなたも
参加しませんか

私 Ⅱ

ベッドの枕元に
いつも置いてある物
小さいラジオ　薬の袋
詩を書くための
ノートとエンピツ
壁の所にはカレンダー

日付けの下に
訪れてくれる
ヘルパーさんの
名前と時間
赤い丸印は
倅夫婦が来る日です
一人暮し十八年
私しっかり生きてます

扇風機

向きを変えて
叩かないと
まわり出さない扇風機
カタカタ
苦しそうな音

思いきって　明日
買いかえることにした
四十年間
やさしい風を　ありがとう

ゆっくり休んでね

肩叩き券

埃にまみれた
がまぐちの中から
出てきた物

父ちゃん　母ちゃんへ
15分肩たたき券
（31年12月まで使えるよ）
健一

当時　小学生だった倅が
わら半紙を小さく切って
作ってくれた券の束

今でも
使えるかしら

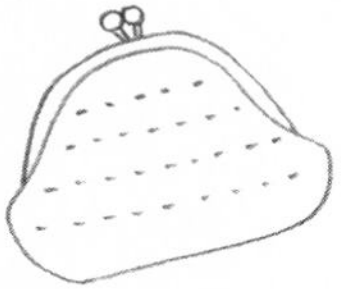

電話

漸《ようや》く起きあがって
電話に出ると
結局は何かの
セールスだったりする
断ると　猫撫で声が

不機嫌になって
ガチャリと　きれる
楽しい話ばかり
つないでくれる電話
どこかにないかしら

思い出 II

子どもと手をつないで
あなたの帰りを
待った駅
大勢の人の中から
あなたを見つけて
手を振った

三人で戻る小道に
金木犀《きんもくせい》の甘いかおり
何処かの家から流れる
ラジオの歌

あの駅あの小道は
今でも元気で
いるかしら

朝はくる

一人で生きていく
と　決めた時から
強い女性になったの
でも　大勢の人が
手をさしのべてくれた
素直に甘えることも
勇気だと　わかったわ

（私は不幸せ……）
溜息をついている貴方
朝はかならず
やってくる

朝陽も
射してくる筈《はず》よ

二時間あれば

世間には
まだ解決されていない
たくさんの事件がある

コロンボ警部
古畑任三郎警部
二人が協力してくれたら
犯人をきっと
つかまえてくれる筈

二時間あれば

得した気分

コタツに入って
テレビを見て
笑っている倅の横顔
若い頃の夫にそっくり

クッキーと紅茶を
前にして
横顔盗み見ながら
得した気分の
冬の午後です

こおろぎ

深夜　コタツに入って
詩を書き始めた
　私　ほんとうは
と　一行書いて
涙があふれた

何処かで
こおろぎが鳴いている
泣く人遊んであげない
コロコロ鳴いている
こおろぎコロスケ
明日もおいでね
明日は笑顔で
待ってるよ

年賀状

元気でいる
みたいだから
まあ　いいか
呟きながら
何度もあなたからの
年賀状を見ていた

お父さんのこと
毎年　元旦になると
思い出すの

会えばケンカの
父子だったけれど
思っていたのよ
あなたのことを

幸来橋《こうらいばし》

奉公先でいじめられ
幸来橋のたもとで
泣いている私を
ふーちゃんが
がんばろうね　って
笑いかけてくれた

巴波川《うずまがわ》のせせらぎ
青い空　白い雲
幸せが来るという橋
やさしい　ふーちゃん
がんばれる気がした
八十年前の私

秘密

私ね　死にたいって
思ったことが
何度もあったの
でも　詩を作り始めて
多くの人に励まされ

今はもう
泣きごとは言わない
九十八歳でも
恋はするのよ
夢だってみるの
雲にだって乗りたいわ

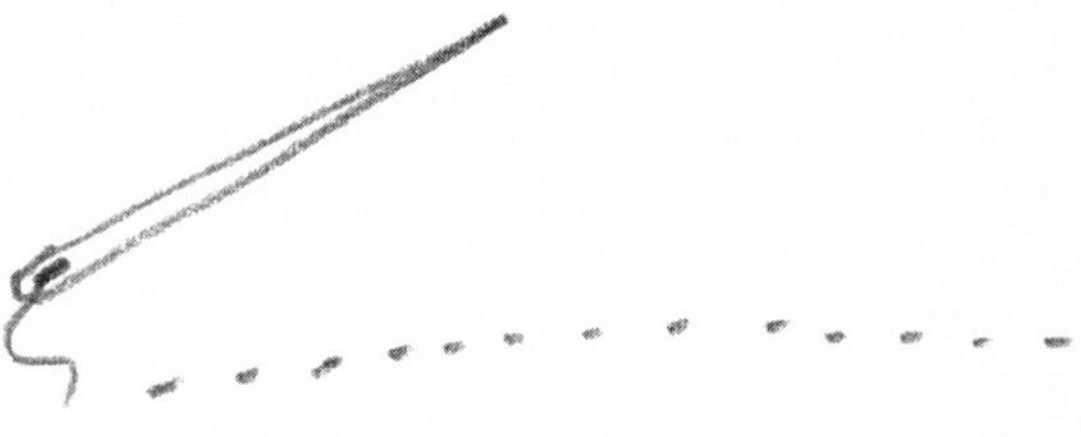

「朝はかならずやってくる」――私の軌跡

明治、大正、昭和、平成と一世紀を生きてきました。震災や空襲など様々な怖い体験もしてきました。B29（米国の爆撃機）の空襲のときには乳飲み子を抱え、防空壕の中でおっかなくて、おっかなくて。死ぬかと思ったこともありました。イジメやうらぎり、さびしさなどから、死のうと思ったこともありました。

「これ以上、お前たちに迷惑をかけたくないから」と自ら老人ホームに入所した母との悲しくて悔しい別れや、「全盲になるかもしれない」といわれた手術（緑内障）など不安なこともありました。

今、一人暮らしの私の家にはヘルパーさんが週六日、

大正2年、三歳のとき母と。この頃は、何不自由ない生活を送っていました。

六十四歳になる一人息子の健一が週一日来てくれますが、正直に言えば、ヘルパーさんや倅が帰るときはさびしく、悲しくなります。とくに健一が帰る時間が近づくと気分が塞ぎ、無口になってしまいます。

でも私はその度に歯を食いしばり、自分を〝叩いて叩いて〟(叱咤激励)自身に言い聞かせます。「くじけるな。頑張れ、頑張れ」って――。

私、若い頃、奉公先でいじめられたときによく行った橋があります。幸(しあわせ)が来るという字の通りの「幸来橋《こうらいばし》」。その橋のたもとでしゃがんで泣いていると、〝ふーちゃん〟という友だちがきて「がんばろうね」って笑顔でなぐさめてくれました。泣きやんで、二人で青い空や流れる白い雲を見ていると、なぜか晴れやかな気持ちになっていました。あれから八十年余。

昭和19年、
私を見初めてくれた夫と結婚。
幸せな日々が続きました。

九十歳を過ぎて出会った詩作で、気づいたことがあります。どんなに辛いこと、悲しいことがあっても、私は両親や夫、倅、嫁、親戚、知人、そして多くの縁ある方々の愛情に支えられて、今の自分があるんだということです。

母と二人で川に洗濯しに行ったことや夫と倅とお嫁さんの四人で笑いながら花札をしたこと。倅と二人で銭湯や映画、温泉に行ったことや仲のいい従姉妹と毎年、旅行に行ったことなど、楽しい思い出もいっぱいあります。

私は明治44年、父・森島富造、母・ヤスの一人娘として栃木市に生まれました。米商いの裕福な家でした。でも父が生来の怠け者で、徐々に生活は傾き、私が十代の頃には家は他人の手に渡り、五軒長屋の小さな家に親子三人で住むようになっていました。

健一の入学式で。四十歳の時。息子のうれしそうな顔が忘れられません。

でも母は父と違い働き者で、家事をこなしながら、旅館の仲居や和裁の内職で生活を支え、私を育ててくれました。そんな母を十代の私は、可哀想でたまりませんでした。

二十歳の頃です。親戚の紹介でお見合い結婚しました。でも、その人は、お金を一切、家に入れず、新婚生活どころではありませんでした。お互い、愛情もなかったのでしょう。その人が怖いこともあって、間に人をたて、半年余りで離婚しました。

それで結婚に懲りたのかもしれませんが、十年余、旅館や料理屋の仲居、母に習った和裁の内職で生計をたて、両親との三人暮らしを続けていました。

三十三歳のときでした。働いていた温泉街の料理屋に時々、食事にきていた料理人がいて、私を見初めてくれ

三十年くらい前に、夫と息子と。
嫁の静子さんが
撮ってくれた写真です。

たのです。二歳年上の夫、曳吉《えいきち》でした。晩年は調理師学校で教えたくらいですから、腕は良かったようで、当時から全国の旅館や料理店を回っていました。

賭け事が好きで貯金はできませんでしたが、酒は飲まず、生活費はきちんと入れてくれました。しかも私の両親の世話までしてくれました。夫は私たち家族だけではなく、親戚や他人様の面倒見も良かったのです。

夫は小さいときに両親に死なれ、弟と妹の三人で、親戚の家をたらい回しされていたようです。だからでしょうか。家のことは何でもしてくれ、家族を大事にしてくれました。そして昭和20年、健一が生まれました。夫と二人「健康第一だから」という願いを込めて命名しました。私にとって、一番幸せな時代の始まりでした。

その当時を思い出して書いたのが「思い出　Ⅱ」です。

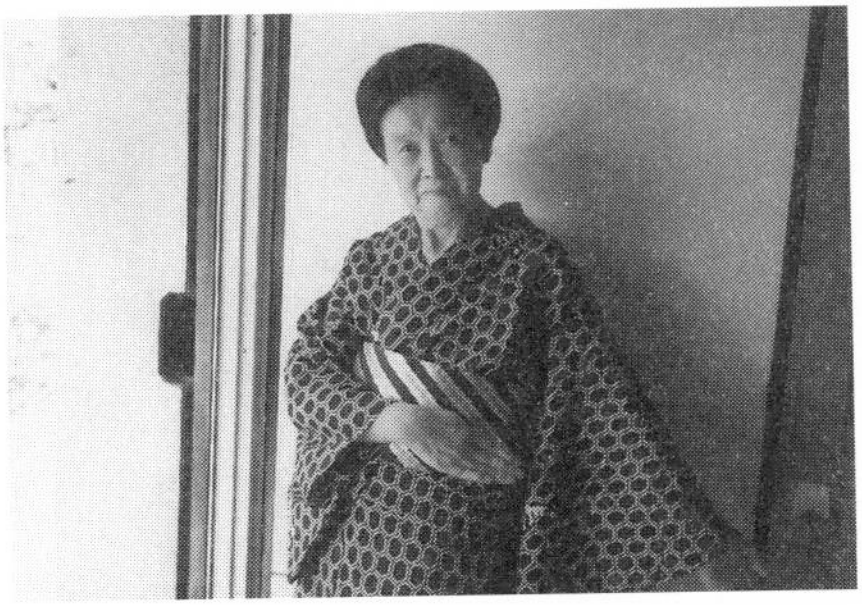

日本舞踊に夢中になっていた七十代。人にも教えていました。

私の一番好きな作品です。目を閉じると今でもそのときの金木犀《きんもくせい》の香りや街角の喧噪《けんそう》、流れるメロディーが思い出されます。

健一は当時、夫が普段から家にいなかったせいか、母親っ子でした。小学生のとき、一年ほど学校へ送り届けたうえ、息子の給食の世話までして帰る毎日でした。

性格は優しいのですが、短気なところがあり、大人になるとたびたび、夫とけんかしていました。二人ともお酒は飲みませんが、賭け事が好き。しかもお互い酉年ですから、ぶつかりあうのでしょうか。よく口論していました。間に入って私はいつもハラハラしていましたが、おもしろいものです。やっぱり父子なんですね。似ています。

中華料理が専門の夫は健一を料理人にしたかったよう

嫁の静子さんと息子の健一と。この家には今でも私一人で住んでいます。

ですが、健一は、映画や読書が好きだった私の影響でしょうか。中学生になった頃から文学に興味を持ち、文芸雑誌などに投稿し、入選していました。息子の嫁の静子さんも同人誌の仲間です。

静子さんは健一との新婚時代、二年ほどここで一緒に暮らしていましたが、倅の仕事の関係で、別居するようになりました。彼女のご両親がともに寝たきりになり、弟さんとともに、お世話し、しかも体が弱いのに働きながら私の面倒をみてくれます。しっかりもののお嫁さんで、安心して倅を任せています。

私が詩を書くきっかけは、倅のすすめでした。腰を痛め、趣味の日本舞踊が踊れなくなり、気落ちしていた私をなぐさめるためでした。九十歳を過ぎていましたが、産経新聞の「朝の詩」に入選したときの感動が忘れられ

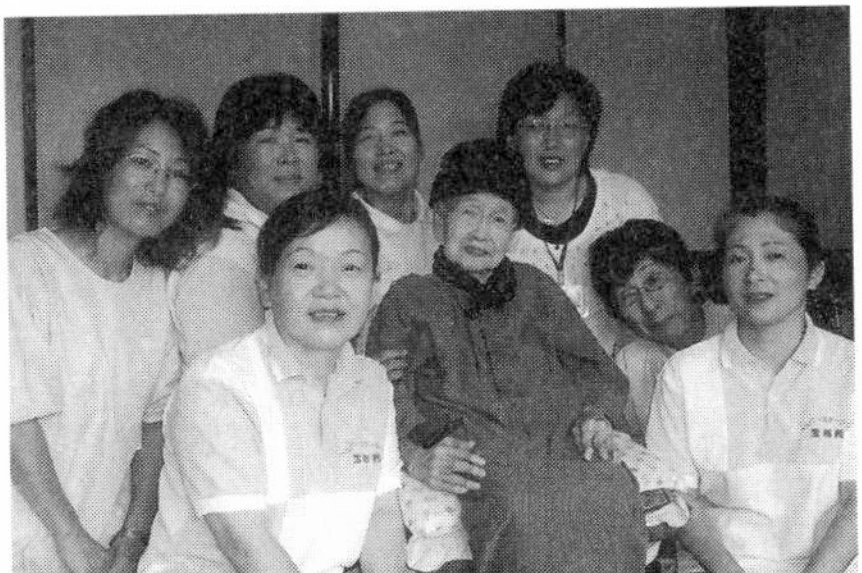

看護師さん、ヘルパーさんに囲まれて。皆さんと話していると時間を忘れます。

ず、今にいたっています。

詩はベッドで横になっているときやテレビを見ているときなど夜に生まれます。出てきたテーマにそってエンピツでメモ書きしておき毎週土曜、様子を見に来る息子に見せ、朗読しながら何度も書き直して、完成させます。だから一作品に一週間以上の製作時間がかかります。

私は娘の頃から読書や映画観賞、そして地元出身の作曲家、船村徹さんの歌謡曲が好きでした。

とくに船村徹さんが作曲した「別れの一本杉」の作詞家ですが、二十六歳の若さで亡くなった高野公男さんの詩には感動して「こんな詩が書けたらいいな」と思っていました。

そうして詩作でわかったことは、人生、辛くて悲しいことばかりではないということでした。

訪問治療をしてくださる関口先生、看護師さん。思わず笑顔がはじけます。

この年齢になって、毎朝起きるのは、本当は辛いです。それでも私はベッドからヨイショと起き上がり、バターかジャムを塗ったパンと紅茶で朝食をとります。そしてその日、ヘルパーさんにやってもらう掃除や洗濯などのお手伝いや買い物のリストづくり。さらには公共料金の支払いなどを含めた家計や通院スケジュールなどを考えます。結構、頭を使い、忙しいんです。

だからどんなにひとりぼっちでさびしくても考えるようにしています。「人生、いつだってこれから。だれにも朝はかならずやってくる」って。

一人暮らし二十年。私しっかり生きてます。

（構成・押田雅治）

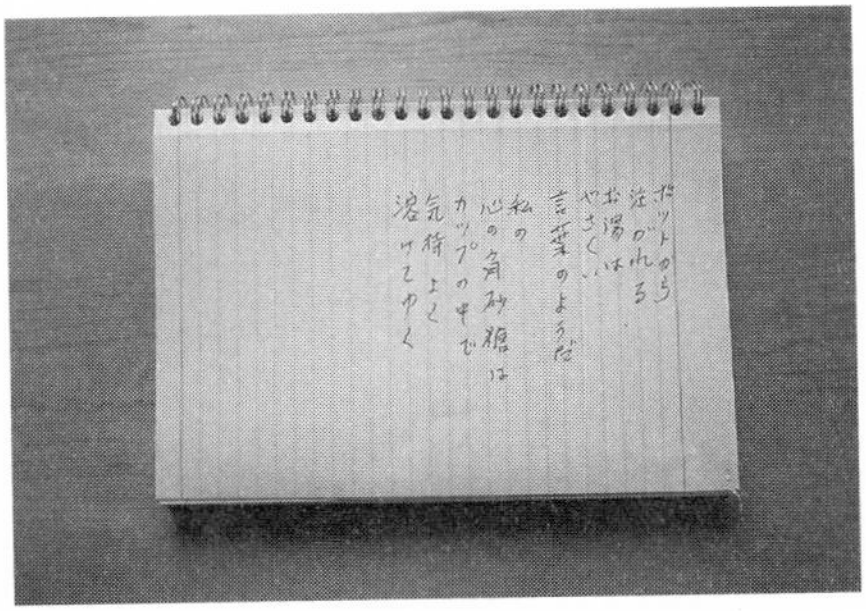

詩を綴るノート。文字を書くのにとても時間がかかりますが、私の直筆です。

あとがき

私を陽の当たる場所に導いてくださった詩人の新川和江先生。この詩集の序文まで書いてくださいました。

十数年、私の健康を気遣い訪問治療してくださっている関口真紀医師や上野善則医師。そして毎日、私の生活の手助けをしてくれるヘルパーさんたち。電話で励まし合う親友で歌人の植村恒子さん。絵手紙や私の詩をまとめて手作りの詩集を送ってくれた森田洋子さん。マフラーや帽子など気遣いの贈り物をしてくれる岡田好子さん、小寺住枝さん。ありがとうございます。

シャンソン歌手の久保東亜子さんは、私の詩「くじけないで」を作曲して、CDをプレゼントしてくれました。このCDがきっかけとなったNHKラジオの「ラジオ深夜便・列島インタビュー」の出演は、新鮮な体験でした。

産経新聞社文化部の押田雅治さんには、一方ならぬお力を貸していただきました。「朝の詩」を通じて、多くの方から手紙をいただきました。どれほど励まされたことでしょう。

そして、飛鳥新社のスタッフの皆様に、心よりお礼を言いたいと思います。ありがとうございました。

平成22年　春

柴田トヨ